BEI GRIN MACHT SICH IHR WISSEN BEZAHLT

- Wir veröffentlichen Ihre Hausarbeit, Bachelor- und Masterarbeit

- Ihr eigenes eBook und Buch - weltweit in allen wichtigen Shops

- Verdienen Sie an jedem Verkauf

Jetzt bei www.GRIN.com hochladen und kostenlos publizieren

Sabine Roeber

Soziolinguistische Rahmenbedingungen zum Zweitspracherwerb bei Migranten in Deutschland

GRIN Verlag

Bibliografische Information der Deutschen Nationalbibliothek:

Die Deutsche Bibliothek verzeichnet diese Publikation in der Deutschen National-
bibliografie; detaillierte bibliografische Daten sind im Internet über http://dnb.d-
nb.de/ abrufbar.

Impressum:

Copyright © 2007 GRIN Verlag GmbH
Druck und Bindung: Books on Demand GmbH, Norderstedt Germany
ISBN: 978-3-656-41556-5

Dieses Buch bei GRIN:

http://www.grin.com/de/e-book/129240/soziolinguistische-rahmenbedingungen-
zum-zweitspracherwerb-bei-migranten

GRIN - Your knowledge has value

Der GRIN Verlag publiziert seit 1998 wissenschaftliche Arbeiten von Studenten, Hochschullehrern und anderen Akademikern als eBook und gedrucktes Buch. Die Verlagswebsite www.grin.com ist die ideale Plattform zur Veröffentlichung von Hausarbeiten, Abschlussarbeiten, wissenschaftlichen Aufsätzen, Dissertationen und Fachbüchern.

Besuchen Sie uns im Internet:

http://www.grin.com/

http://www.facebook.com/grincom

http://www.twitter.com/grin_com

Soziolinguistische Rahmenbedingungen zum Zweitspracherwerb bei Migranten in Deutschland

Das Einwanderungsland Deutschland sieht sich mit einer Vielzahl von Migranten konfrontiert, die teilweise nur wenig oder keine Deutschkenntnisse aufweisen. Dabei erfolgt eine erfolgreiche strukturelle Integration nicht ohne Kenntnisse der Mehrheitssprache der Aufnahmegesellschaft, wenn diese, wie in Deutschland als Schriftkultur in allen Bereichen Anwendung findet[1]. Wovon hängt nun aber ein erfolgreicher Zweitspracherwerb bei Migranten in Deutschland ab? Welche äußeren Bedingungen oder sozialen Zusammenhänge wirken sich auf die Motivation zum Erlernen einer zweiten Sprache, der Sprache der Aufnahmegesellschaft aus? Im Folgenden werden zuerst die soziolinguistischen Rahmenbedingungen beschrieben, die die Motivation zum Zweitspracherwerb bei Migranten erheblich beeinflussen können. Verschiedene sozialpsychologische Modelle geben einen Überblick über die möglichen sozialen Faktoren und unterschiedliche Schlüsseldeterminanten, die beim Erwerb der Mehrheitssprache eine Rolle spielen können. Da das erfolgreiche Erlernen einer zweiten Sprache neben einer entsprechenden Motivation auch entscheidend von der Lernsituation, sprich den Bildungsmodellen abhängt, werden anschließend differierende Modelle vorgestellt.

Beim Erwerb einer Zweitsprache spielt der soziolinguistische Rahmen eine wichtige Rolle. Migranten gehören im Aufnahmeland einer Minderheit an. Die dominierende Mehrheitssprache wird in diesen Fällen zur unerlässlichen Zweitsprache. Denn die Muttersprache der Aufnahmegesellschaft wird in allen Bereichen des täglichen Lebens angewandt. Ein solcher Rahmen wird auch als *majority language context* beschrieben[2] (Siegel 2003: 179). Verschiedene Modelle der Sozialpsychologie verdeutlichen die Bedeutung des sozialen Kontexts für die Erlernung einer zweiten Sprache. Gerade bei Migranten scheint dieser Aspekt von Wichtigkeit: Leben sie in einer ethnischen Gemeinschaft, in der der Gebrauch der Mehrheitssprache nicht zwingend erforderlich ist, oder gelingt ihnen eine

---

[1] Siehe dazu: Schroeder, C. (2007): *Integration und Sprache*. In: Aus Politik und Zeitgeschichte, 22-23/2007, S. 6-12. Maas, U. (2005): *Sprache und Sprachen in der Migration im Einwanderungsland Deutschland.* In: IMIS-Beiträge Sprache und Migration, 26/2005.

[2] Aber auch Ureinwohner, die ebenfalls einer Minderheit angehören, sahen sich mit einer dominierenden Zweitsprache (oder L2) auseinandergesetzt. Sie wurden von Eindringlingen und dessen Mehrheitssprache überhäuft. Diese Konstellation ist hier allerdings nicht interessant (siehe Siegel 2003: 179).

strukturelle und soziale Integration, bei der Kenntnisse der dominierenden Sprache unabdingbar sind?

Sozialpsychologische Modelle

Gardner (1983, 1985, 1988) versucht mit Hilfe des *socioeducational* Modells zu erklären, wie unterschiedliche soziale Zusammenhänge mit Zweitsprachkenntnissen und Einfluss nehmenden Variablen (Motivation, Angstgefühl etc.) zusammenwirken. Berücksichtigung in diesem Schema findet das soziokulturelle Umfeld oder Milieu des/der Lernenden. Dies beinhaltet die herrschende (positiv oder negativ bewertete) Einstellung der eigenen Gemeinschaft gegenüber Bilingualismus (Siegel 2003: 187). Werden Einwanderergruppen, die hier im Mittelpunkt stehen, betrachtet, so scheint eine positive Einstellung zum Erwerb der Mehrheitssprache und evtl. angestrebter Assimilation unentbehrlich. Stigmatisierungen bilingualer Sprecher innerhalb der ethnischen Gemeinschaft könnten sich negativ auf weitere Bemühungen eines Zweitspracherwerbs auswirken.

Verschiedene individuelle Faktoren, die letztendlich den Motivationsgrad zum Spracherwerb bestimmen, können unter Einfluss des soziokulturellen Milieus stehen. Die Motivation stellt die wichtigste Determinante dieses Modells dar und wirkt sich entsprechend auf die Lernsituationen aus.

Sozialstrukturelle Faktoren wie Größe und Status der jeweiligen Sprachgruppen (L1 und L2) werden hier nicht besonders hervorgehoben. Dabei sollte wahrscheinlich die Bedeutung einer ausgebauten ethnischen Gemeinde für eine strukturelle Integration bzw. Assimilation der Migranten nicht vernachlässigt werden. Esser (2001) weist daraufhin, dass sich durch eine gegenseitige Verstärkung räumlicher Segregation und kultureller Segmentation oft funktionale Bereiche und ein eigenes Schichtungssystem ausbilden. Dem Migranten bietet sich die Möglichkeit, den größten Teil seines Lebens in seiner ethnischen Sphäre zu verbringen (Esser 2001: S. 41ff). Im Falle einer solch institutionalisierten ethnischen Gemeinde (Ebd.) werden Integration bzw. Assimilation und auch der Erwerb der Sprache der Aufnahmegesellschaft als Zweitsprache erschwert oder gar verhindert.

Steht in Garnder's Modell die Motivation als bestimmender Faktor im Vordergrund, so setzen andere sozialpsychologische Modelle den Schwerpunkt auf objektive Charakteristika der sozialen Gruppen beider Sprachen (L1 und L2). Kontakte und Interaktionen werden in den folgenden Modellen als die Determinanten betrachtet.

Das Modell der Akkulturation (*acculturation model*) von Schumann (1978a, 1987b, 1986) ist vorrangig auf natürliche Lernsituationen bezogen. Unter der Prämisse, dass sich der Grad der L2 Kenntnisse proportional zum Grad der Akkulturation in die Mehrheitsgesellschaft bzw. die Gruppe der Mehrheitssprache verhält, wird die Variable der sozialen Distanz herangezogen. Der Erwerb der Zweit- bzw. Mehrheitssprache wird also im Zusammenhang mit Einstellungen und Verhalten gegenüber der Mehrheitsgesellschaft[3] gesetzt (Siegel 2003: 187). Das Ausmaß der Akkulturation hängt, diesem Modell folgend, entscheidend von der sozialen sowie psychologischen Distanz zwischen den Lernenden und der Gruppe der dominierenden Sprache (L2) ab. Es wird die These vertreten, dass bei größerer sozialer und psychologischer Distanz, die Sprachlernenden weniger Kontakt zur Zweitsprache bzw. zu Personen der L2-Gruppe haben werden, folglich ihr Aufwand zum Erlernen der Sprache sinken wird und letztendlich der Grad der Sprachkenntnisse niedriger ist (Ebd.).

Nauck (2002) weist im Zusammenhang mit interethnischen Ehen, die, wenn auch sehr umstritten, teilweise als Maßstab der Assimilation und Integration interpretiert werden[4], ebenfalls auf die Bedeutung sozialer Distanz hin. Die wahrgenommene Distanz zwischen den unterschiedlichen ethnischen Gruppen und der einheimischen Bevölkerung ist ein wechselseitiger Prozess. Sie kann außerdem von der tatsächlichen Distanz abweichen.

In Schumann's Modell wird die soziale Distanz durch verschiedene Faktoren bestimmt, die die Beziehungen zwischen beiden Gruppen charakterisieren. Dazu zählen die ethnische Gemeinschaft (L1) betreffend u.a.: die Größe der Gruppe, ihr Zusammenhalt oder aber die beabsichtigte Länge des Aufenthalts in der Aufnahmegesellschaft. Die soziale Distanz erhöht sich bei einer großen ethnischen Gruppe mit starkem Zusammenhalt, die ihre Werte und Traditionen bewahren möchte, ihre eigenen sozialen Bereiche[5] aufweist oder der Einwanderer nur einen temporären Aufenthalt anstrebt (Siegel 2003: 187) Auf der anderen Seite erhöht sich die Distanz, wenn sich die Mehrheitsgesellschaft in einer politisch dominanten Situation

---

[3] Es stehen die Einstellungen zu der Gruppe im Mittelpunkt, die die zu erlernende Zweitsprache muttersprachig spricht. Nicht zwingend ist dies immer die Mehrheitsgesellschaft. Da aber in dieser Arbeit Migranten als L2 lernende Gruppe betrachtet werden, sind Mehrheitsgesellschaft und die Gruppe, die die Sprache spricht, identisch.

[4] Interethnische Heiraten werden als Zeichen für soziale Assimilation und der Existenz von Kontakten zu einheimischen Bevölkerung angesehen (Esser). Strittig ist, inwieweit interethnische Ehen als Gradmesser für Integration und Assimilation dienen können (siehe u.a. Bundesregierung (2000): *Sechster Familienbericht der Bundesregierung. Familien ausländischer Herkunft in Deutschland: Leistungen – Belastungen – Herausforderungen.* [http://www.bmfsfj.de/Politikbereiche/familie,did=3470.html]).

[5] Siehe Esser 2001: 40ff.

befindet, einen höheren Status einnimmt[6] oder wenn beide Gruppen jeweils negative Einstellungen zu der anderen Gruppe haben (Ebd.). Die Summe der sozialen und individuellen Faktoren bestimmen indirekt bis zu welchem Grad die Zweitsprache erworben wird. Wie bereits erwähnt erscheint die Notwendigkeit zum Erlernen der Mehrheitssprache in einer ausgebauten ethnischen Gemeinschaft eher gering, die soziale Distanz zur Mehrheitsgesellschaft entsprechend groß.

Das Modell der Sozialen Zusammenhänge (*social context model*) von Clément (1980) beinhaltet das Konzept der ethno-linguistischen Dynamik (*ethnolinguistic vitality*) der L1 und L2 Gruppen. Dieses Konzept geht auf die Kombination von verschiedenen Faktoren zurück, die dazu führen können, dass sich Gruppen unverwechselbar verhalten und kollektiv handeln. Je höher die ethno-linguistische Gruppendynamik, desto höher ist die Wahrscheinlichkeit, dass diese Gruppe als abgegrenzte, ausgeprägte Gemeinschaft fortbesteht (Siegel 2003: 188). Aus der Abhängigkeit dieser Dynamik von ökonomischen Status, demographischer Situation und von institutioneller Unterstützung wird deutlich, dass dieses Konzept von sozio-strukturellen Faktoren bestimmt wird. Die jeweilige Gruppendynamik der L1 bzw. L2 Gemeinschaft hat wiederum einen Einfluss auf gegensätzliche Kräfte innerhalb des Lernenden: das Streben nach Integration (*integrativeness*) und Angst einer Assimilation (*fear of assimilation*). Durch den Erwerb der Zweitsprache befürchtet der Einwanderer einen Verlust seiner Muttersprache oder Kultur. Auf der anderen Seite strebt er danach, ein anerkanntes Mitglied der Aufnahmegesellschaft zu werden. Im Modell der sozialen Zusammenhänge bilden die konkurrierenden Kräfte den grundlegenden Motivationsprozess (*primary motivational process*) (Ebd.). In einem *unicultural milieu*, d.h. eine Sprache bildet deutlich die Mehrheit, wird das Ergebnis dieses Prozesses den Grad der Motivation, eine Zweitsprache zu erlernen, bestimmen. Weiterhin beeinflusst die Balance beider Kräfte das Selbstbewusstsein des Lernenden, mit dem er die Zweitsprache anwendet. Dieses wirkt sich schließlich auf den Grad der Motivation zum Erwerb der Zweitsprache aus (Ebd.: 188f.).

Das letzte Modell, das *inter-group* Modell von Giles und Byrne (1982) beschäftigt sich auch mit den Charakteristika der Sozialgruppen, richtet den Fokus indes auf die einzelnen Individuen der Gruppe und deren subjektiven Wahrnehmungen von Eigenschaften. Zwar ist auch hier die Motivation wieder eine bedeutende Größe, doch ist die Interaktion der

---

[6] Esser spricht im Extremfall von einer Unterschichtung der Mehrheitsgesellschaft durch eine ethnische Sub-Gesellschaft bei starker Institutionalisierung ethnischer Gemeinschaften. (siehe Esser 2001).

bestimmende Faktor. Diesem Modell liegen fünf Bedingungen zugrunde, unter denen es Migranten bzw. Angehörige einer (Sprach-)Minderheit möglich werden soll, die Sprache der Aufnahmegesellschaft nahezu muttersprachig (*nativelike*) zu erwerben. (1) Die Identifikation des Lernenden mit seiner ethnischen Gruppe ist niedrig oder die Muttersprache stellt für diese Gruppe kein wichtiges Merkmal dar. (2) Die Lernenden ziehen nur selten einen Vergleich zwischen ihrer eigenen Gruppe und der L2-Gruppe/Mehrheitsgesellschaft. (3) Die ethno-linguistische eigene Gruppendynamik wird vom Lernenden als niedrig wahrgenommen. (4) Die kulturellen und linguistischen Grenzen zwischen der eigenen Gruppe und der Aufnahmegesellschaft werden als schwach oder offen empfunden. (5) Die Lernenden identifizieren sich mit anderen sozialen Gruppen oder haben in ihnen einen Status inne, der auf Beruf, Religion oder Geschlecht beruht (Siegel 2003: 189). Diese fünf Bedingungen basieren hauptsächlich auf Offenheit zur Mehrheitsgesellschaft oder einer niedrigen Bindung an die eigene ethnische Gruppe und einer hohe Motivation zur Integration. Dem Modell entsprechend kann so eine angstfreie Interaktion und Kommunikation, bis hin zu einer andauernden Annäherung, erfolgen.

Bildungsprogramme

Dies sind die sozialpsychologischen theoretischen Rahmenbedingungen, die die Motivation und den Erfolg des Zweitspracherwerbs maßgeblich beeinflussen. Stehen die äußeren sozialen Bedingungen günstig, ist es wichtig, dass die Bildungsprogramme den Prozess des Erlernens der Mehrheitssprache angemessen unterstützen und ausfüllen.[7] Programme können nach den verschiedenen Zielen unterschieden werden: Halten die Lernenden weiterhin die Kenntnisse und Anwendung ihrer Muttersprache bei, wird von einer additiven Zweisprachigkeit (*additive bilingualism*) gesprochen; wird aber die Muttersprache durch die zu erlernende ersetzt, kann von einer subtrahierenden Zweisprachigkeit (*subtractive bilingualismus*) ausgegangen werden (Siegel 2003: 193). Entscheidend ist zudem die Vermittlung der Sprache im Unterricht. In bilingualen Programmen kommen zwei oder mehr Sprachen zum Einsatz, während monolinguale Programme auf die Anwendung nur einer Sprache während des Unterrichts setzen. Dabei kann zur Vermittlung der Zweitsprache die

---

[7] Der rechtliche Rahmen spielt ebenfalls eine entscheidende Rolle. Beispielsweise herrscht nicht in allen Bundesländern eine Schulpflicht für ausländische Kinder. Auch der Entwurf zur Änderung des Zuwanderungsgesetzes das Alter und die Sprachkenntnisse den Ehegattennachzug betreffend, könnte die Ausgangssituation und -motivation zum Erwerb der deutschen Sprache auf Seiten betroffener potentieller Migranten ändern (zur geplanten Änderung siehe: [http://www.fluechtlingsinfo-berlin.de/fr/gesetzgebung/2_AendG.htm], Letzter Zugriff: 07.07.2007).

Muttersprache oder die zu erlernende Sprache der Vermittlung dienen. Migranten in Deutschland und vor allem deren Kinder treffen häufig auf monolinguale Lehrer, die die Mehrheitssprache sprechen (z.B. in Schulen). Die Sprache der Aufnahmegesellschaft ist gleichzeitig Unterrichtssprache, die Muttersprache der Schüler bzw. Lernenden wird nicht benutzt (*submersion*). Besonders für Schüler, die bisher nur ihre Muttersprache beherrschen, stellt eine solche Situation teilweise eine große Belastung dar. Nicht in allen Bundesländern werden für betroffene Kinder spezielle Förderklassen oder eine ergänzende Förderung in den Regelschulen angeboten. Es lässt sich eine gewisse Parallelität zwischen Förderangeboten und vorhandener Schulpflicht für ausländische Kinder erkennen[8].

Bilinguale Lernprogramme können in drei unterschiedlichen Weisen die Zweitsprache vermitteln: (1) Übergangsweise Benutzung der Muttersprache der Sprachlernenden, bevor ausschließlich die Zweitsprache benutzt wird (*transitional*); (2) Verwenden der Zweitsprache, wobei Lehrer bilingual sind und der Inhalt an Bedürfnisse der Lernenden angepasst ist (*immersion*); (3) L1 sowie L2 werden für die gesamte Dauer des Unterrichts benutzt (*continuing*) (Siegel 2003: 195). Siegel verweist zwar darauf, dass sich bilinguale Sprachprogramme auf die Sprachkenntnisse der L2 positiver auswirken, wie auch aus verschiedenen Untersuchungen hervorgeht. Für Migranten in Deutschland scheinen bilinguale Lernmodelle jedoch wahrscheinlich eher eine Ausnahme darzustellen. Vielmehr werden sie in Sprachkursen im Rahmen von Integrationskursen auf monolinguale Lehrer treffen. Es wäre zu überprüfen inwieweit ethnische Vereine für ihre Bevölkerungsgruppe bilinguale Sprachkurse anbieten. Die unterschiedlichen Typen bilingualen Lehrens können für Migranten in einem Land mit dominanter Mehrheitssprache, wie Deutschland, verschiedene Ergebnisse haben. Das *transitional* Modell würde beispielsweise häufig zum Ersetzen der Mutter- durch die Zweitsprache führen (*subtractive bilingualismus*) (Ebd.: 196).

Der positive Einfluss der Verwendung der Muttersprache der Lernenden beim Lehren einer Zweitsprache wird durch Siegel kurz zu erklären versucht. Der Einsatz der Muttersprache im Unterricht hat nach Skutnabb-Kangas (1988) einen positiven Einfluss auf drei Faktoren, die eng mit dem erfolgreichen Erwerb der Zweitsprache verbunden sind: (1) niedriges Angstgefühl, (2) hohe Motivation, (3) hohes Selbstvertrauen. Auch Cléments

---

[8] Bundesländer, die spezielle Förderklassen oder ergänzende Förderung für ausländische Schüler anbieten: Berlin, Brandenburg, Bremen, Hamburg, Niedersachsen, Nordrhein-Westfahlen, Sachsen-Anhalt, Schleswig-Holstein (siehe: Piatkowsky, R./Tietje, I./Pelzer, A. (2004): *Und wo bleiben wir? Die Schul- und Ausbildungssituation minderjähriger Flüchtlinge in Deutschland*. In: Flüchtlingsrat Schleswig-Holstein e.V. (Hrsg.): *Qualifizierung und Arbeit für Flüchtlinge. Eine Handreichung*. Kiel: hansadruck. Online verfügbar: [www.frsh.de/perspective/pdf/Version26_05_04handr.pdf], Letzer Zugriff: 30.06.07).

Modell der sozialen Zusammenhänge stellt den Einsatz der L1 im Unterricht mit der reduzierten Furcht vor einer Assimilation und einer erhöhten Motivation die Mehrheitssprache zu erlernen, in Zusammenhang (Siegel 2003: 197). Weiterhin kann vor allem die Lese- und Schreibfähigkeit in der Muttersprache zu höherem *metalinguistischem* Bewusstsein führen. Die daraus entstehenden Fähigkeiten, wie das Beachten der Form, wirken sich positiv auf den Zweitspracherwerb aus. Schließlich können spezifisches Wissen und Fertigkeiten, die in der Muttersprache erworben wurden, auf andere Sprachen übertragen werden. Besonders für akademische Verwendung der zweiten Sprache, erscheint dies von Bedeutung zu sein (Ebd.: 197).

Fazit

Der Erwerb der deutschen Sprache scheint für Migranten im Einwanderungsland Deutschland unausweichlich. Deutsch ist die Sprache der Mehrheitsgesellschaft und findet in allen gesellschaftlichen Gebieten sowie im Alltag nahezu ausschließliche Anwendung. Verbleiben die Migranten allerdings in ihren eigenen ethnischen Communities, die sich in einigen Großstädten mehr oder weniger seggregiert herausgebildet haben, bleibt der Erweb der deutschen Sprache überflüssig. Eine aktive Teilhabe an den gesellschaftlichen Bereichen sowie eine Assimilation bzw. strukturelle Integration kann nur über den Erwerb der deutschen Sprache führen. Die verschiedenen beschriebenen soziolinguistischen Zusammenhänge, die dabei die Motivation zum Zweitspracherwerb beeinflussen können, sind nicht immer durch die Migranten gestaltbar. Die Beziehung zwischen ethnischer (Sprach-)Minderheit und Aufnahmegesellschaft ist ein wechselseitiger Prozess. Vor allem rechtliche Faktoren müssen von den Zuwanderern als gegeben hingenommen werden. Die mögliche rechtliche Veränderung zum Ehegattennachzug und die bereits bestehende gesetzliche Pflicht, Deutschkurse zu besuchen, wirken sich unterschiedlich auf die Motivation aus. Nicht die soziolinguistischen Rahmenbedingen werden in Zukunft Umfang und Motivation zum Erwerb der deutschen Sprache bestimmen. Vielmehr stehen die Migranten unter Druck Deutschkenntnisse zu erwerben, um einen Aufenthaltsstatus zu erhalten. Umso wichtiger werden dann erfolgreiche Unterrichtsformen für den Zweitspracherwerb.

Esser, H. (2001): *Integration und ethnische Schichtung.* Arbeitspapiere - Mannheimer Zentrum für Europäische Sozialforschung; 40.

Nauck, B. (2002): *Expertise zum Sechsten Familienbericht der Bundesregierung. Sozialpotentiale von Migrantenfamilien.* Nur online verfügbar unter: [http://library.fes.de/fulltext/asfo/01389toc.htm], letzter Zugriff: 16. April 2007.

Siegel, J. (2003): *Social Context.* In: Dougthy, C. J. S./Long, M. H. (Hrsg.): *The Handbook of Second Language Acquisition.* Malden, Mass: Blackwell. S. 178-213.